80가지 음식으로 알아보는
우리 몸과 영양소

왜 **채소**를 먹어야 해?

추천의 말

혹시 채소를 싫어하는 친구가 있나요? 고기나 과자만 좋아하는 친구는요? 또는 아이의 편식 때문에 밥을 먹을 때마다 전쟁을 치르는 부모님이 있지는 않나요?

우리나라는 옛날보다 먹을거리가 풍부해지고 영양에 대한 관심 또한 크게 늘어났어요. 마트에 가기만 하면 먹고 싶은 것들을 거의 모두 살 수 있지요. 다양한 식재료와 섭취 방법에 대한 정보가 많아지면서 건강식품 소비가 폭발적으로 늘어나기도 했어요. 하지만 현대인은 오히려 건강한 식생활과 멀어지고 있습니다. 포화 지방의 섭취 증가와 과일, 채소의 섭취 감소로 비만과 당뇨병, 고혈압 등 생활 습관병이 크게 늘었지요. 어린이들의 편식이 심각한 수준에 이른 것도 어쩌면 당연한 일인지도 모르겠습니다.

한창 자라나는 어린이일수록 올바른 영양 교육을 받고 건강한 식습관을 들여야 합니다. 왜 여러 영양소를 골고루 섭취해야 하는지, 음식과 우리 몸은 어떤 관계가 있는지 등을 이해하고 좋은 식습관을 갖도록 꾸준히 노력해야 하지요.

이 책은 우리 몸에 꼭 필요한 5대 영양소인 탄수화물, 단백질, 지방, 비타민, 무기질이 어떤 역할을 하는지, 음식을 먹으면 우리 몸에서 어떤 일이 일어나는지를 자세히 설명해 주고 있습니다. 또한 채소, 고기, 생선, 과일 등 80여 가지 음식을 소개하면서 그 안에 어떤 영양소가 들어 있는지 귀여운 캐릭터를 이용해 재밌게 풀어냈지요. 깜찍하고 익살스러운 캐릭터와 함께 책을 읽다 보면 금방이라도 그 음식들이 궁금해지고 먹어 보고 싶어질 거예요.

『왜 채소를 먹어야 해?』와 함께 즐거운 식사 시간을 만들어 보세요. 건강하게 자라고 싶은 어린이, 반찬을 골고루 먹어야 하는 급식 시간이 괴로운 친구들, 아이의 편식 때문에 걱정이 많은 부모님, 영양 교육 자료가 필요한 선생님 등 모두에게 이 책을 추천합니다.

전 한국영양학회 회장
이화여자대학교 식품영양학과 교수
권오란

이야기를 시작하기 전에

고기와 생선, 달걀과 채소······.
우리 식탁에는 날마다 다양한 음식이 올라와.
오늘은 밥을 맛있게 먹을 수 있을까?
남기지 않고 싹싹 다 먹을 수 있을까?

우리는 왜 매일 밥을 먹어야 할까?
그건 우리의 몸을 자라게 하고,
하루하루 살아가는 데 필요한
에너지를 얻기 위해서야.

그러면 우리가 먹는 밥은
몸속에서 어떻게 되는 걸까?

자, 지금부터 함께 알아보자!

이 책의 등장 인물

서준
달리기를 좋아하는 남자아이. 고기만 좋아하고, 피망 같은 채소는 싫어한다.

이영양 박사
음식과 영양소, 음식과 몸의 관계를 연구하는 영양학 박사. 어릴 때는 편식이 심했다고 한다.

예린
학급 회장이며 성격이 야무지다. 뭐든지 잘 먹는 우등생…… 같지만, 실은 싫어하는 음식이 있는 것 같다.

깐돌이
이영양 박사의 조수로, 두뇌 회전이 빠른 원숭이. 박사의 연구를 열심히 돕는다.

얼룩냥이
서준이가 키우는 얼룩 고양이로, 생선(특히 고등어)을 좋아한다. 성격은 쿨하지만 조금 제멋대로이다.

앵순이
예린이가 기르는 수다쟁이 새. 느긋하고 밝은 성격이다.

차례

여러 가지 영양소

추천의 말
이야기를 시작하기 전에 ················ 2
이 책의 등장 인물 ···················· 3

밥은 왜 먹어야 할까? ································· 6
우리가 먹은 음식은 어디로 갈까? ················ 8
음식은 어떻게 영양소가 될까? ····················· 10

탄수화물 ················ 12
지방 ···················· 14   비타민 ················ 18
단백질 ·················· 16   무기질 ················ 20

음식과 영양소

초록색 채소 ·· 22
피망 | 브로콜리 | 아스파라거스 | 시금치 | 오크라 | 쑥갓 | 부추

빨간색 · 주황색 채소 ·· 26
당근 | 토마토 | 단호박

그 밖의 채소 ·· 28
양배추 | 배추 | 무 | 오이 | 콩나물 | 숙주나물 | 옥수수 | 가지 | 우엉 | 연근 | 양파 | 파

감자류 ·· 34
감자 | 토란 | 고구마

버섯류 ·· 36
느타리버섯 | 표고버섯 | 팽이버섯

해조류 ···································· 37
다시마 | 미역 | 김

과일류 ···································· 38
딸기 | 바나나 | 사과

곡류 ······································· 40
쌀 | 빵 | 면

육류 ······································· 42
소고기 | 닭고기 | 돼지고기

어패류 ···································· 44
등 푸른 생선 | 참치 | 새우 | 오징어 | 게 | 조개

유제품 ···································· 48
우유 | 치즈 | 요구르트

콩류 ······································· 50
청국장 | 두부

알류 ······································· 51
달걀 | 메추라기 알

간식류 ···································· 52
케이크 | 아이스크림 | 붕어빵

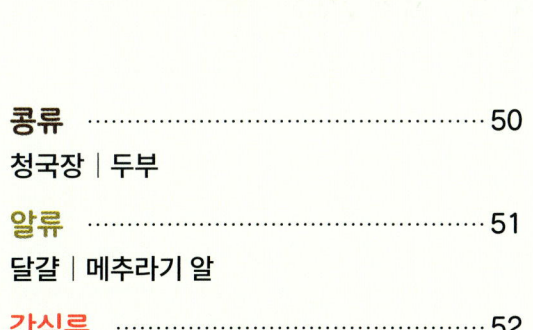

우리 몸의 구조

우리 몸은 무엇으로 이루어져 있을까? ········ 54
오줌은 어떻게 만들어질까? ·················· 56
똥은 어떻게 만들어질까? ···················· 58
똥으로 건강을 알 수 있다고? ················ 60
균형 잡힌 식사 ······························· 62
식재료가 도착하기까지 ······················· 63

여러 가지 영양소

밥은 왜 먹어야 할까?

음식 속 영양소를 섭취해야 살아갈 수 있다

우리는 배가 고프면 밥을 먹어. 밥에는 '영양소'라는 성분이 들어 있는데, 우리는 영양소를 섭취해야 살아갈 수 있어. 배가 고프다는 것은 몸에 영양소가 필요하다는 신호야. 영양소는 몸속에서 에너지로 바뀌기도 하고 장기와 피, 뼈 등을 만들기도 해. 또 신체 기능을 조절하는 일도 하지.

우리 몸에 꼭 필요한 5대 영양소

그럼 우리가 살아가기 위해서는 어떤 영양소가 필요할까? 가장 중요한 것이 탄수화물, 지방, 단백질, 무기질, 비타민이야. 이것을 '5대 영양소'라고 해. 이 가운데 탄수화물, 지방, 단백질은 '에너지가 되는 영양소'로 몸을 움직이는 데 필요한 에너지를 공급해 주지. 비타민과 무기질은 직접적으로 에너지를 만들지는 못하지만 우리 몸이 제대로 움직일 수 있게 도와주는 꼭 필요한 영양소야.

5대 영양소
우리 몸에 꼭 필요한 영양소

지방
몸을 움직이는 데 필요한 주요 에너지원이야. 쓰고 남은 지방은 몸속에 저장해 둘 수도 있어. 콜레스테롤은 지방의 한 종류인데, 세포*의 막을 만드는 데 필요해.

탄수화물
쌀, 감자, 고구마, 설탕 등에 많이 들어 있는 영양소야. 몸속에 들어가면 다른 어떤 영양소보다 빨리 에너지로 바뀌어서 지친 몸과 뇌에 힘을 주지.

단백질
근육과 몸속의 여러 기관, 피, 뼈 등을 만들어. 효소*와 항체*를 만들기도 하지. 우리 몸에서 물 다음으로 많은 양을 차지해.

비타민
다른 영양소가 에너지로 변신하는 일을 돕고 신체의 여러 가지 기능을 조절해 줘. 적은 양으로도 엄청나게 많은 일을 해. 가짓수도 무려 13종류나 돼.

무기질
무기질은 보통 '미네랄'이라고도 해. 뼈와 이를 만드는 재료가 되고, 몸속 물의 양을 조절해 줘. 또 몸의 대사*를 조절하는 역할도 해.

★ **세포** 우리 몸을 이루고 있는 가장 작은 구조물. 모든 생물은 세포로 이루어져 있다.
★ **항체** 세균과 바이러스를 물리치는 단백질.
★ **효소** 몸 안에서 일어나는 여러 반응을 도와주는 단백질.
★ **대사** 몸에 들어간 영양소가 분해되거나 합성되는 것.

우리가 먹은 음식은 어디로 갈까?

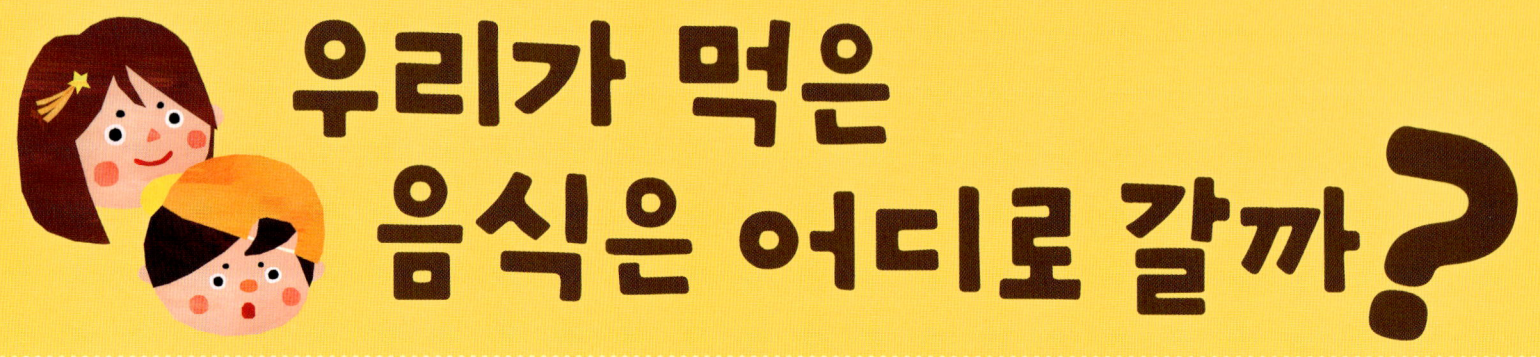

배고픔과 배부름을 느끼는 이유

'뭔가 먹고 싶어!'라고 느낄 때는 배가 고플 때야. 핏속에는 '포도당'이라는 탄수화물이 녹아 흐르는데, 포도당이 적어지면 '배고픔'이라는 신호를 뇌로 보내. 반대로 음식물에서 탄수화물을 섭취하여 핏속에 포도당이 많아지면, '배부름'이라는 신호가 와.

소화와 흡수란 무엇일까?

음식물에 들어 있는 영양소는 어떻게 몸속으로 들어올까? 음식물을 잘게 쪼개고 부드럽게 해서 흡수되기 쉽게 하는 것을 '소화'라고 해. 그렇게 소화된 음식물을 몸에서 빨아들이는 것이 '흡수'야. 이때 입과 위와 작은창자가 큰 활약을 하지. 먼저 음식물이 입안으로 들어가면 무슨 일이 일어나는지 살펴볼게.

음식물이 입에 들어가면 침이 퐁퐁 나와. 침은 음식물을 부드럽게 해서 흐물흐물하고 소화되기 쉬운 상태로 만들어 줘. 이로 음식물을 씹어서 작게 부수면, 혀가 음식물을 목구멍으로 넘기는 거야.

씹기
앞니로 자르고, 어금니로 으깨서 음식물을 잘게 부숴. 음식을 씹을 때는 턱을 포함한 입 전체를 써.

섞기
혀에 의해 침과 섞인 음식물은 부드럽고 잘 풀어져. 그러면 영양소를 잘 흡수할 수 있어.

삼키기
음식물을 삼키면 목젖이 입에서 코로 통하는 길을 막아서 위장 쪽으로 떨어뜨려 줘.

여러 가지 영양소

음식은 어떻게 영양소가 될까?

위에서 작은창자로

입에서 삼킨 음식물은 식도(음식물이 지나가는 관)를 지나 위에 도착해. 위 안쪽에서는 '위액'이라는 액체가 배어 나와. 위액은 음식물을 더욱 부드럽고 흐물흐물하게 만들지. 그렇게 흐물흐물해진 음식물은 작은창자로 이동하고, 거기서 마침내 영양소가 몸속에 흡수되는 거야.

작은창자에서 온몸으로

작은창자에서는 탄수화물, 지방, 단백질을 소화시키는 액체가 나와서 음식물을 아주 작은 영양소로 만들어 줘. 작은창자 안쪽에는 양탄자의 털처럼 생긴 '융털'이라는 작은 주름이 잔뜩 있어. 그 융털에서 영양소가 흡수되어 온몸으로 퍼져나가는 거야.

입

음식물은 식도를 지나서 위로 내려가. 옆에 있는 기도(공기가 지나가는 관)로 잘못 들어가면 사레가 들려서 켁켁거리게 돼.

위

음식물이 들어가면 위는 늘어났다 줄어들었다 하면서 위액과 음식물을 섞어 주지.

작은창자

가늘고 긴 관으로 십이지장, 공장, 회장으로 나눠져 있어. 구불구불한 작은창자를 일자로 펼치면 6~7미터나 된다고 해!

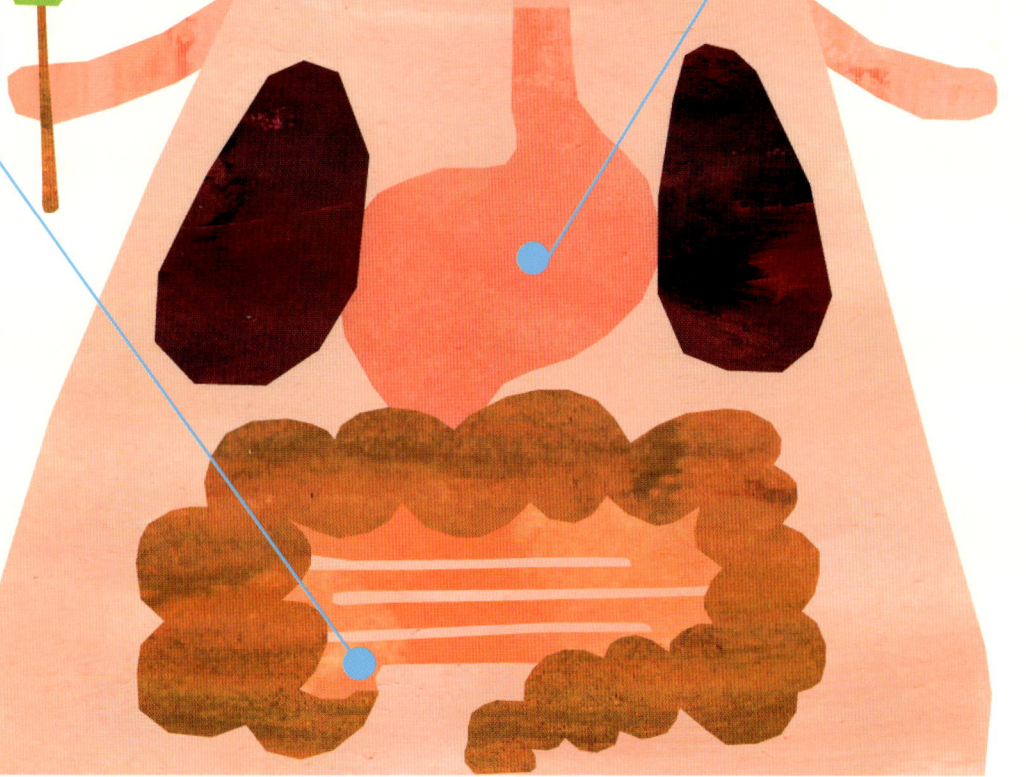

여러 가지 영양소

탄수화물

나는 에너지로 바뀌어. 엄청 민첩하고 뜨겁지!

내 특기는 거침없고 민첩하게 움직이기! 몸에 들어가면 빠른 속도로 활활 타서 에너지로 바뀌지. 그래서 피곤할 때 나를 먹으면 눈 깜짝할 사이에 기운이 나! 내 친구 중에서도 단맛이 나는 것을 '당'이라고 하는데, 밥과 빵, 면의 주요 성분도 당이야! 참, 식이 섬유도 내 친구지. 너희들이 하루에 먹는 음식의 반 이상이 바로 나야!

탄수화물이 풍부한 식품

감자류(고구마, 감자 등), 호박, 곡류(스파게티, 우동, 밥, 빵 등), 과일(감, 사과, 바나나 등) 등

탄수화물의 역할

뇌가 쓸 에너지를 만든다

나는 1그램당 4킬로칼로리의 에너지를 만들어 내. 특히 나를 필요로 하는 것은 뇌야. 열심히 공부하면 배가 고파지는 건, 뇌가 나를 원한다는 증거지!

몸속 곳곳에서 일한다

나는 단백질, 지방과 딱 붙어서 세포막을 만들어. 간과 근육, 체액 속에도 내가 있어. 내 덕분에 몸이 움직일 수 있는 거라고!

비타민 B_1과 단짝 친구

내가 에너지로 바뀌려면 비타민 B_1의 도움이 필요해. 나 혼자서는 에너지가 될 수 없거든. 또 비타민 B_1이 부족하면 각기병에 걸려서 손발이 저리거나 부을 수 있어.

우리 몸에 미치는 영향

너무 많이 먹으면 지방으로 변신해~

내가 모자라면 에너지가 부족해져. 그럼 기운도 없고 머리도 잘 안 돌아가. 그러니까 아침 식사 때 나를 꼭 먹으라고. 또 내가 너무 부족하면 나 대신 근육 속 단백질과 지방이 에너지로 쓰이면서 근육이 줄어들 수도 있어. 반대로 너무 많이 먹으면 에너지로 쓰고 남은 부분이 지방으로 바뀌지. 그럼 살이 많이 찌게 돼!

여러 가지 영양소

지방

꼭 필요할 때, 강력한 에너지가 돼!

아빠의 뱃살과 엄마의 팔뚝 살을 만지면 말랑말랑해서 느낌이 좋지? '지방'이라는 형태로 몸에 토실토실 저장되어 있는 것이 바로 나야! 사실 나에게는 중요한 임무가 있어. 바로 탄수화물이 부족할 때 에너지로 변신하는 거야! 나 1그램으로 9킬로칼로리나 되는 에너지를 만들 수 있어. 탄수화물의 두 배도 넘는 힘이지. 푹신푹신한 쿠션처럼 몸을 보호하고, 체온을 유지하는 역할도 해. 내가 말랑말랑한 건 다 이유가 있는 거라고!

지방이 풍부한 식품

육류(소고기, 돼지고기, 닭고기 등), 등 푸른 생선(고등어, 꽁치 등), 버터, 마가린, 달걀, 견과류(아몬드, 땅콩), 유지류(식용유, 참기름, 들기름) 등

지방의 역할

세포막을 만든다

내 친구 중에 '콜레스테롤'이라는 물질이 있는데, 세포막을 만드는 중요한 일을 해. 하지만 콜레스테롤이 너무 많아지면 피가 끈적끈적해져서 심장과 뇌에 병이 생길 수도 있어. 하지만 너무 적으면 혈관 벽이 약해져. 너무 많지도, 너무 적지도 않아야 해!

콜레스테롤을 조절한다

나의 주요한 성분은 '지방산'이야. 지방산은 동물성 기름에 많은 '포화 지방산'과, 생선과 식물성 기름에 많은 '불포화 지방산'으로 나뉘어. 포화 지방산은 핏속의 콜레스테롤을 높이고, 불포화 지방산은 콜레스테롤을 낮춰 줘.

비타민 흡수를 돕는다

비타민 A, D, E, K는 기름에 녹는 비타민이야. 나는 이런 비타민이 잘 흡수되도록 돕기도 해.

부족하면 피부가 거칠거칠해져!

우리 몸에 미치는 영향

맛있다고 나를 너무 많이 먹으면 토실토실 살이 쪄. 당뇨병 같은 생활 습관병에 걸리기도 쉽지. 하지만 내가 부족해도 안 돼. 단백질과 함께 몸을 만드는 것도 내가 하는 일이거든. 내가 부족하면 혈관이 약해지고 피부가 거칠거칠해져.

여러 가지 영양소

단백질

몸을 움직이고, 만들고, 보호하지!

여러 가지 장기를 비롯해 근육, 피부, 피, 뼈, 이, 손톱 등 몸의 대부분을 만드는 데 꼭 필요한 것이 나, 단백질이야. 우리 몸의 6분의 1을 구성하고 있다고. 나는 '아미노산'이라는 영양소로 만들어져. 아미노산은 20가지나 되는데, 그 아미노산들이 어떻게 합쳐지느냐에 따라서 나의 종류가 달라지지! 그러니까 아미노산과 나는 떼려야 뗄 수 없는 관계야. 20가지 아미노산 가운데 9가지는 음식으로만 섭취할 수 있는데, 이것을 '필수 아미노산'이라고 해. 필수 아미노산은 육류와 생선, 달걀 등에 많이 들어 있어.

단백질이 풍부한 식품

육류(소고기, 돼지고기, 닭고기 등), 어패류(참치, 가다랑어 등), 유제품(우유, 치즈, 요구르트 등), 달걀, 밀가루, 콩 등

단백질의 역할

여러 가지 역할을 한다

나는 몸속에서 정말 다양한 역할을 해. 뼈와 머리카락을 만들고, 에너지를 만들기도 하지. 또 영양소와 산소를 옮기고, 몸을 보호하는 일도 해.

호르몬을 만든다

몸 상태를 조절하는 호르몬을 만드는 것도 나의 일이야. 빛과 냄새와 맛을 느끼게 하는 역할을 하지.

아미노산으로 활약한다

음식으로 섭취한 나는 다시 아미노산으로 돌아가게 돼. 그리고 몸에 흡수되어 세포를 만드는 등 여러 가지 일을 하는 거지.

우리 몸에 미치는 영향

무리한 다이어트는 안 돼!

나는 우리 몸 곳곳에 저장돼 있어. 만약 무리하게 다이어트를 해서 에너지가 부족해지면 근육에 저장되어 있던 내가 에너지로 바뀌어. 그렇게 되면 근육이 줄어서 오히려 쉽게 살이 찌게 돼. 또 머리카락이 빠지고, 피부도 거칠어지고, 쉽게 병에 걸릴 수도 있지. 하지만 너무 많이 먹어도 안 돼! 몸속에서 쓰이지 못하고 남으면 오줌으로 나오게 되는데 오줌을 너무 많이 싸면 콩팥(오줌을 만드는 기관)이 지쳐버리거든.

비타민

아주 조금이지만, 힘이 엄청 세. 숨어 있는 천하장사라고!

나는 몸속에 아주 조금 있지만 내가 없으면 큰일 나! 왜냐고? 단백질, 탄수화물, 지방이 제 역할을 하려면 내 도움이 반드시 필요하기 때문이지. 내가 없으면 몸이 제대로 기능하지 않는다고! 나는 물에 녹는 수용성 비타민(비타민 B군과 비타민 C)과 기름에 녹는 지용성 비타민(비타민 A, D, E, K)으로 나눌 수 있어. 나는 대부분 몸속에서 만들 수 없기 때문에, 음식을 골고루 먹어서 섭취해야 해.

비타민이 풍부한 식품

시금치, 토마토, 당근, 간(닭, 돼지 등), 어패류(장어, 연어, 고등어, 바지락 등), 아몬드 등

비타민의 역할

세 가지 영양소를 도와준다

비타민 B군이 하는 일은 주로 탄수화물, 지방, 단백질을 에너지로 바꿔 주는 거야. 비타민 B군에는 비타민 B_1, B_2, 니아신, 판토텐산, B_6, B_{12}, 엽산, 비오틴이 있어.

바이러스를 퇴치한다

비타민 C는 콜라겐을 만들어서 피부를 좋게 해 줘. 노화의 원인이 되는 활성 산소를 없애고 면역력을 높여 주기도 하지.

우리 몸의 건강을 책임진다

비타민 A는 눈과 피부를 보호해 줘. 비타민 D는 뼈를 만드는 칼슘이 흡수되는 것을 돕기 때문에 성장에 꼭 필요해. 비타민 E는 몸이 녹스는 것(산화)을 막아 주고, 비타민 K는 피가 났을 때 멈추게 하는 걸 도와 주지.

우리 몸에 미치는 영향

수용성과 지용성이 달라!

수용성 비타민은 물에 녹기 때문에 남은 것은 오줌으로 나와. 문제는 부족할 때야. 감기, 빈혈, 두통, 불안감 등 여러 가지 문제를 일으키거든. 한편 지용성 비타민은 남으면 몸에 쌓이기 때문에 너무 많이 먹으면 두통이나 탈모 등이 생기기도 해. 반대로 지용성 비타민이 부족하면 밤에 눈이 잘 보이지 않는 야맹증이라는 병에 걸리니까 조심해.

무기질

몸을 활기차게 해 주는 나, 무기질!

나는 뼈와 이와 피, 그리고 세포 속에서 몸의 균형을 잡아 주는 일을 해. 뿐만 아니라 근육을 이완시키거나 수축시키고, 신경을 움직이게 하는 등 여러 가지 일을 하지. 비타민과 마찬가지로 양은 적지만 내가 없으면 몸을 움직일 수 없어. 그런 내가 몸속에 수십 종류나 있지. 그 가운데 가장 대표적인 게 칼슘, 인, 칼륨, 마그네슘, 나트륨이야. 그 밖에 철, 요오드, 아연, 구리, 셀레늄, 망간, 코발트, 불소, 크롬 등도 적은 양이지만 우리 몸에 꼭 필요해.

무기질이 풍부한 식품

새싹 채소, 브로콜리, 죽순, 간(소, 돼지 등), 어패류(미꾸라지, 옥돔 등), 유제품(우유, 치즈 등), 콩, 두부, 마른 새우, 톳, 바나나 등

모든 것의 기본이 되는 물질을 원소라고 해. 사람의 몸은 60가지의 원소로 되어 있는데, 그 중 4%가 무기질이야.

무기질의 역할

뼈와 이를 튼튼하게 한다

우리 몸속에 가장 많은 무기질은 칼슘이야. 인과 마그네슘의 도움을 받아 뼈와 이를 만들지. 흔히 '칼슘=뼈'라고만 생각하는데, 칼슘은 근육을 움직일 때도 쓰여!

물과 피의 양을 조절한다

나트륨은 쉽게 말하면 소금이야. 몸 안의 물과 피의 양을 조절해 주지. 짠 음식을 먹으면 몸이 붓는 것도 나트륨 때문이야.

많아진 나트륨을 내보낸다

라면 같이 짠 음식을 많이 먹으면 몸속에 나트륨이 많아져. 그럴 때 활약하는 것이 칼륨이야! 많아진 나트륨을 몸 밖으로 내보내서 나트륨의 양을 알맞게 조절해 주지. 또 나트륨 때문에 올라간 혈압도 내려 줘.

우리 몸에 미치는 영향

나트륨을 너무 많이 섭취하면 안 돼!

요즘 사람들은 철과 칼슘은 너무 적게, 나트륨과 인은 너무 많이 섭취한다고 해. 철이 부족하면 빈혈이 생겨서 비틀비틀 쓰러질 수 있어. 칼슘이 부족하면 뼈가 약해지겠지? 인은 식품 첨가물에 많이 들어 있는데, 너무 많이 섭취하면 뼈가 약해져. 몸속에 나트륨이 지나치게 많으면 고혈압과 심장병이 생길 수 있으니까 적당하게 섭취하는 것이 중요해.

여러 가지 영양소

음식과 영양소
초록색 채소

복슬복슬 머리에 비타민이 가득!

병을 척척 물리치는 슈퍼맨!

피망

'녹황색 채소'에 속하는 초록색 채소에는 '엽록소'라는 색의 성분(색소)이 들어 있단다. 이 초록색이 짙을수록 영양소가 많지. 또 비타민, 무기질, 식이 섬유 등 중요한 영양소가 다 들어 있어서 우리 몸이 녹스는 것을 막아 주고, 질병으로부터 지켜 준단다.

혹시 나를 보고 '맛없어서 먹기 싫은 녀석'이라고 생각하는 건 아니겠지? 내 필살기는 베타카로틴★과 비타민 C야. 피로의 원인이 되는 활성 산소를 물리쳐서 건강을 지켜 주지. 또 질병과 싸우기 위한 면역력을 키워 주고, 모세 혈관★을 튼튼하게 해 줘.

주요 영양소: 마그네슘, 베타카로틴, 비타민 B_6, C

★ **베타카로틴** 비타민의 한 종류. 녹황색 채소와 과일, 해조류에 많다.　★ **모세 혈관** 온몸에 거미줄처럼 퍼져 있는 가느다란 혈관.

브로콜리

복슬복슬한 내 머리 좀 봐! 마치 초록색 꽃다발 같지? 실은 이게 다 꽃봉오리야. 여기에 필요한 영양소가 가득하지. 특히 몸의 균형을 유지해 주는 비타민 B_1과 B_2, 비타민 C, 엽산이 풍부하게 들어 있어. 특히 비타민 C는 레몬의 1.2배나 돼. 나는 면역력을 높여 주고, 혈관을 튼튼하게 해 준단다.

비타민 C는 열에 파괴되기 쉬우니 익히지 않고 먹는 게 좋아.

칼슘 / 베타카로틴 / 주요 영양소 / 비타민 B_1, B_2, C

아스파라거스

아스파라긴산으로 팔팔하고 건강하게!

몸이 가늘고 날씬한 나! 나에게 있는 영양소는 바로 '아스파라긴산'이야. 피로를 풀어 주고 체력을 길러 주는 역할을 하지. 이 영양소 이름이 나와 비슷한 것은 나에게서 처음 발견됐기 때문이야. 이삭 끝에는 '루틴'이라는 영양소가 있어서 피가 잘 돌게 해 줘.

칼슘 / 마그네슘 / 주요 영양소 / 비타민 B_1, B_2, C

음식과 영양소

시금치

> 바이러스로부터 몸을 지켜 주는 방패!

나는 녹황색 채소 중에서도 영양소가 듬뿍 들어 있는 편이야. 100그램만 먹어도 하루에 필요한 베타카로틴을 모두 섭취할 수 있지. 베타카로틴은 몸속에서 비타민 A로 변신해서 피부와 손톱, 머리카락의 세포를 만들고, 바이러스로부터 몸을 지켜 줘. 또 철분과 비타민 C도 가득해!

철, 칼륨 / 주요 영양소 / 베타카로틴 / 비타민 B₂, C, K, 엽산

오크라

> 꽃 모양에 숨겨진 끈적끈적한 액체의 힘!

나를 자르면 단면이 꽃 모양이야. 예쁘지? 그런데 잘라 낸 곳에서는 미끈미끈하고 끈적끈적한 액체가 나와. 이 액체의 정체는 '펙틴'과 '뮤틴'으로, 식이 섬유에 속해. 식이 섬유는 배 속에서 장을 움직여 주기 때문에 변비로 고생하는 친구들에게 추천해.

칼륨, 마그네슘 / 주요 영양소 / 식이 섬유 / 비타민 E, K, 엽산

쑥갓

"식욕을 돋워 주고 위장을 튼튼하게 하지!"

코를 대고 킁킁 맡아 보면 독특한 향이 날 거야. 이 향의 성분은 위장을 움직여서 식욕을 돋워 줘. 또 나는 변비를 없애 주고 기침을 가라앉히는 힘도 가지고 있지. 게다가 나의 베타카로틴과 비타민 C는 면역력을 높여서 튼튼한 몸을 만들어 줘.

주요 영양소: 철, 칼슘 / 베타카로틴 / 비타민 B_2, C, E, K

부추

"몸이 따뜻하고 튼튼해져!"

주요 영양소: 철, 칼륨 / 베타카로틴 / 비타민 B_1, C, E

나에게서는 마늘처럼 강한 냄새가 나. 이건 '알리신'이라는 성분 때문이야. 알리신은 지친 몸에 활력을 불어넣어 주지. 나에게는 혈액 순환을 도와줘서 몸을 따뜻하게 해 주는 능력도 있어!

음식과 영양소

빨간색·주황색 채소

몸이 녹스는 것을 막아 주는 알파카로틴에 주목!

빨간색과 주황색 채소도 녹황색 채소에 속해. 이 채소들에는 '카로티노이드'라는 색소가 들어 있는데, 건강에 무척 중요한 역할을 하지. 몸에 들어온 산소의 일부가 활성 산소로 바뀌면 세포가 녹슬면서 (산화) 질병의 원인이 되는데, 카로티노이드가 '항산화 작용'을 해서 그걸 막아 주거든.

주요 영양소: 칼륨, 베타카로틴, 비타민 C

당근

내게 많이 들어 있는 베타카로틴은 몸속에서 비타민 A로 바뀌어 피부를 윤기 나게 해 주고, 감기에 잘 걸리지 않게 해 주지. 그런데 내 진짜 힘은 알파카로틴에서 나와. 알파카로틴의 항산화 작용은 베타카로틴의 10배나 되거든. 활성 산소를 없애 주고 암 같은 무서운 병을 예방해 주지.

> 새빨간 색이 건강의 비밀!

토마토

> 신맛이 느껴지는 것은 '구연산' 때문이야. 구연산은 위를 튼튼하게 해 주고, 피로를 없애 줘.

빨간색의 비밀은 바로 '리코펜'이라는 성분에 있어. 리코펜은 베타카로틴의 2배, 비타민 E의 100배나 되는 항산화 작용을 해. 또 혈관을 튼튼하게 하고, 혈액을 맑게 해 줘서 동맥 경화나 암을 예방해 주지. 마찬가지로 항산화 작용을 하는 베타카로틴과 비타민 C도 들어 있어.

 베타카로틴
 비타민 C
칼륨 / 주요 영양소

> 비타민 E로 더욱 젊어지자!

단호박

젊어지는 힘을 갖고 있는 비타민 E가 듬뿍 들어 있는 게 바로 나, 단호박이야. 알파카로틴과 베타카로틴, 비타민 C까지 들어 있어서 활성 산소를 없애 주고 생활 습관병을 예방해 줘. 비타민 B$_1$, B$_2$도 들어 있어서 피로를 푸는 데 아주 좋아.

 구리
 베타카로틴
 비타민 C, E
주요 영양소

음식과 영양소

그 밖의 채소

위장을 튼튼하게!

녹황색 채소 외에도 여러 가지 색의 채소가 많아. 연한 초록색을 띤 양배추와 배추, 하얀색 무와 콩나물, 노란색 옥수수, 보라색 가지 등이지. 이 채소들은 다들 특별한 능력이 있단다.

나 양배추는 위를 튼튼하게 할 뿐만 아니라, 위의 상처 난 곳을 회복시켜 주고 위장병을 예방해 줘. 비타민 C도 듬뿍 들어 있어서 피부도 좋아지지. 나는 부위별로 들어 있는 영양소가 다르니까, 겉부터 속까지 모두 먹는 게 좋아.

양배추

오이

더운 여름, 몸을 시원하게 해 주는 채소야!

여름에 주로 먹는 나는 자그마치 95퍼센트가 수분이야! 나를 먹으면 몸이 시원해져. 쓴맛이 나는 성분인 '이소쿼르시트린'에는 오줌이 잘 나오게 하는 효과가 있거든. 오줌을 누면 몸에 쌓였던 열도 함께 내려가지. 어때, 더운 여름에 내가 큰 도움이 되겠지?

나에게서 나는 독특한 풋내는 '피라진'이라는 성분이야. 피를 맑게 해 줘.

칼륨 / 칼슘 / 주요 영양소 / 비타민 C

보기에는 가냘프지만 속은 힘센돌이!

우리는 몸이 하얀 데다 가늘고 야리야리해서 영양소가 별로 없을 것 같다고 오해를 받곤 해. 하지만 우리가 누구야, 콩에서 나온 싹이잖아? 그러니 싹을 틔우는 데 필요한 영양소가 듬뿍 들어 있겠지? 판토텐산과 식이섬유, 비타민 B$_1$, K까지 골고루 들어 있어.

칼슘 / 엽산 / 주요 영양소 / 비타민 B$_1$, K 판토텐산

콩나물·숙주나물

내가 노란색을 띠는 건 '제아잔틴'이라는 색소 때문이야. 제아잔틴은 눈의 피로를 풀어 주는 역할을 하지. 또 나는 식이 섬유도 많아서 똥이 쑥쑥 잘 나오게 한다고! 게다가 비타민 B_1, B_6와 콜레스테롤을 낮추는 '리놀레산'도 풍부하게 들어 있지. 이런 영양소들은 옥수수 심에 붙어 있는 씨눈에 많아!

눈을 보호하는 노란색의 힘!

마그네슘 · 식이 섬유 · 주요 영양소 · 비타민 B_1, B_6, 판토텐산

옥수수

암에도 지지 않아!

쓴맛과 아린 맛이 나는 원인인 알칼로이드 성분은 면역력을 높여 주고, 질병을 일으키는 세균과 독소를 쫓아내.

나 어때? 보라색이 참 예쁘지? 보라색의 정체는 가지에만 들어 있는 '나스닌'이라는 성분인데, 강력한 항산화 작용으로 암과 생활 습관병을 예방해 줘. 기억력을 좋게 해 주는 물질인 '콜린'도 들어 있어.

마그네슘 · 식이 섬유 · 주요 영양소 · 비타민 B_6

가지

음식과 영양소

모든 채소 중 식이 섬유가 가장 많아. 비만 안녕!

풍부한 비타민으로 피부를 아름답게!

우엉

씹으면 아삭아삭한 나. 내 비밀은 채소 중에서 식이 섬유가 가장 많이 들어 있다는 거야. 식이 섬유는 장 속의 나쁜 물질에 붙어서 몸 밖으로 나가기 때문에, 비만을 예방하고 피부를 반짝반짝 빛나게 해 줘. 또 콜레스테롤을 낮추고 신장을 튼튼하게 해 주지.

폴리페놀과 셀레늄 등 암을 예방하는 성분도 들어 있어.

칼슘, 마그네슘 / 식이 섬유 / 주요 영양소 / 비타민 B$_6$

연근

나를 자르면 미끈미끈한 실이 쭈욱 늘어지는 것은 뮤틴 때문이야. 뮤틴은 위벽을 보호하고, 단백질의 흡수를 도와줘. 또 내가 갖고 있는 '탄닌'에는 항산화 작용과 살균 효과가 있어. 비타민 B$_1$과 C도 풍부하기 때문에 피부도 좋아지지.

칼슘 / 식이 섬유 / 주요 영양소 / 비타민 B$_1$, C

양파

눈물 쏙!
피로도 쏙!

나를 자르면 눈물이 주르륵 나오지? 그건 '황화 알릴'이라는 성분 때문이야. 황화 알릴에는 좋은 콜레스테롤을 높이고, 나쁜 콜레스테롤을 낮추는 효과가 있어. 더욱이 황화 알릴은 몸속에서 알리신으로 변신하는데, 비타민 B_1과 힘을 합해서 피로를 확 날려 줘.

칼슘 · 식이 섬유 · 주요 영양소 · 비타민 C

알리신을 가열하면 생기는 '스코르디닌'은 지방을 분해하기 때문에 다이어트에도 좋아.

네기올이 바이러스를 퇴치해 줘.

칼슘 · 식이 섬유 · 주요 영양소 · 베타카로틴

내가 감기에 좋은 음식이란 건 알고 있니? 나의 하얀 부분에는 '네기올'이라는 냄새 성분이 있어서 바이러스를 퇴치해 줘. 또 나는 체온을 높여 땀을 흘리게 하고, 혈액 순환을 도와주기 때문에 추운 겨울에 딱 좋아!

파

음식과 영양소

토란

내 껍질을 벗기면 미끈미끈하고 끈적끈적해. 뮤틴, 갈락탄, 글루코만난이라는 식이 섬유 때문이야! 뮤틴은 위장을 보호하고, 갈락탄은 혈당과 콜레스테롤을 낮춰 줘. 글루코만난은 똥이 뿍뿍 잘 나오게 하고 비만을 예방해 주지.

고구마

쪄 먹으면 포근포근 맛있는 나. 그런데 나를 먹으면 방귀가 뿡뿡 나와. 왜 그럴까? 나한테 있는 '얄라핀'이라는 성분이 몸속의 쓰레기를 밖으로 내보내는데, 그 과정에서 방귀가 나오는 거야. 나의 속살이 노랄수록 베타카로틴이 많이 들어 있어.

> 비타민과 무기질이 풍부해서 암을 예방해 주지.

나를 먹으면 방귀가 뿡뿡 나온다고!

음식과 영양소

버섯류

향도 좋고, 영양소도 많아!

느타리버섯·표고버섯·팽이버섯

정확히 말하면, 버섯류는 식물이 아니라 균이야. 하지만 몸에 아주 좋은 균이니 안심해도 돼. 버섯류에는 '베타글루칸'이 많이 들어 있어. 베타글루칸은 면역력을 높여 주고, 바이러스와 세균으로부터 몸을 보호해 줘. 또 암과 생활 습관병도 예방해 주지.

느타리버섯과 표고버섯에는 햇볕을 쬐면 비타민 D로 바뀌는 '에르고스테롤'이라는 성분이 들어 있어. 비타민 D는 뼈를 튼튼하게 해 줘. 팽이버섯에는 피로를 풀어 주는 비타민 B_1과 지방의 대사를 도와주는 비타민 B_2, 거친 피부를 좋게 해 주는 니아신 같은 영양소가 풍부해.

식이 섬유

주요 영양소

철, 칼륨

비타민 B_1, B_2, D, 니아신

해조류

바다에서 자라는 해조류에는 무기질이 듬뿍 들어 있어! 뼈와 이를 튼튼하게 해 주는 칼슘과 마그네슘, 혈압을 낮추는 칼륨, 빈혈에 좋은 철분, 변비를 막아 주는 식이 섬유도 풍부하지. 그 밖에도 암을 예방해 주는 '후코이단'과 '푸코잔틴'이라는 영양소도 들어 있어.

무기질이 몸의 균형을 잡아 줘!

 철, 칼륨, 요오드
 식이 섬유
주요 영양소
 베타카로틴

다시마가 미끌미끌한 이유는 식이 섬유인 '알긴산' 때문이야. 알긴산은 콜레스테롤과 탄수화물의 흡수를 막아 주기 때문에 다이어트에 좋아. 김에는 베타카로틴과 적혈구를 만드는 것을 도와주는 엽산이, 미역에는 성장을 돕는 요오드가 풍부하게 들어 있어. 한창 자라나는 너희는 특히 많이 먹어야 돼!

다시마·미역·김

음식과 영양소

과일류

순식간에 에너지로 변신!

새빨간 색이 눈 건강에 좋아.

딸기

과일은 비타민과 칼륨, 식이 섬유가 풍부해! 특히 비타민 C가 엄청 많이 들어 있지. 비타민 C는 피부와 혈관을 튼튼하게 해 주고 면역력을 높여 줘.

과일 가운데 가장 인기 스타는 바로 나! 눈에 확 띄는 빨간색의 비밀은 '안토시아닌'이라는 영양소에 있어. 안토시아닌은 암을 예방하고, 간을 튼튼하게 해 주지. 게다가 눈의 피로를 풀어 주고, 시력을 좋게 하는 효과도 있어! 나는 비타민 B_1과 비타민 C도 많아.

비타민 C
마그네슘 · 주요 영양소 · 비타민 B_1

바나나

실컷 놀고 나서 배가 고플 때, 나를 먹어 봐! 나 하나에 밥 반 공기 만큼의 에너지가 있거든. 더구나 소화가 잘 돼서 재빨리 에너지로 변신하지. 또 나한테 있는 '멜라토닌'이라는 물질은 기분을 좋게 해 줘.

탄수화물 / 칼륨, 마그네슘 / 주요 영양소 / 식이 섬유

사과

내가 새콤달콤한 이유는 구연산과 사과산이 들어 있기 때문이야. 이 영양소들은 피로를 풀어 주는 효과가 있지. 식이 섬유인 펙틴도 들어 있기 때문에 변비에도 좋아. 그리고 '카테킨'이라는 성분도 들어 있는데, 활성 산소를 없애 주고 생활 습관병과 암을 예방해 줘.

피로를 풀어 주고 병을 예방해!

껍질에도 영양소가 있으니 깨끗이 씻어서 껍질째 먹는 게 제일 좋아!

비타민 C / 식이 섬유 / 주요 영양소 / 비타민 E

음식과 영양소

곡류

나를 먹으면 힘이 불끈!

쌀과 밀, 보리 등을 곡류라고 해. 우리가 흔히 먹는 밥과 빵, 면의 재료이지. 곡류에 들어 있는 영양소는 대부분 탄수화물이야. 탄수화물은 몸에 들어가면 에너지로 바뀌어. 너희들이 공부를 할 수 있는 것도, 실컷 놀 수 있는 것도 전부 탄수화물 덕분이란다.

우리나라 사람들이 옛날부터 가장 많이 먹어 온 음식이 바로 나, 쌀이야. 주요 성분은 에너지를 만드는 탄수화물이지. 벼의 겉껍질만 벗겨낸 쌀을 '현미'라고 하는데, 우리가 흔히 먹는 하얀색 쌀인 '백미'보다 영양소와 식이 섬유가 많아.

단백질 · 탄수화물 · 주요 영양소 · 비타민 B₁, 니아신

쌀

탄수화물말고도
여러 영양소가 듬뿍!

빵

나의 주원료는 밀가루야. 거기에 물과 소금, 기름, 이스트 등을 섞어서 발효시키면 폭신폭신하고 맛있는 내가 완성돼. 밀의 주요 성분은 탄수화물이야. 그 외에도 단백질과 지방, 비타민 B_1과 B_2, 비타민 E, 칼슘 등 여러 영양소가 들어 있어.

면의 종류에 따라
영양소가 달라!

밀가루에 물을 넣고 반죽하면 국수나 우동의 면이 돼. 메밀가루로 만들면 메밀국수 면이 되고. 메밀에는 단백질과 식이 섬유가 많아서 건강에 좋아. 파스타의 면은 세몰리나 가루로 만드는데, 밀가루보다 천천히 소화되기 때문에 살이 덜 찐다고 해.

면

음식과 영양소

육류

단백질+아연으로 쑥쑥 성장하자!

소고기

고기에는 몸을 만드는 재료인 단백질과 지방이 듬뿍 들어 있어. 게다가 붉은색 살코기 부분에는 철분이 많이 들어 있지. 그러니까 몸이 튼튼해지려면 고기를 꼭 먹어야 해. 하지만 눈에 보이는 흰색 지방은 몸에 나쁘니까 되도록 덜 먹는 게 좋아.

나는 단백질과 지방도 풍부하지만, 아연도 많아. 아연은 맛과 냄새를 맡을 수 있게 도와주고, 세포 성장에도 꼭 필요한 영양소야. 그리고 기억력을 좋게 하는 콜린과 활성 산소를 없애 주는 카르노신 등 다양한 영양소로 꽉꽉 차 있어.

비타민 A, B₆, 니아신

단백질

아연, 철

주요 영양소

내장에는 살코기와는 다른 영양소가 가득해. 간에는 비타민 A와 철분이 풍부하고, 염통(심장)에는 비타민 B₁와 B₁₂가 많이 들어 있지.

닭고기

지방은 조금, 콜라겐은 잔뜩!

지방이 가장 적은 부위는 가슴살. 닭의 간과 염통(심장)에는 비타민 A가 풍부해.

우리 몸속에서 만들 수 없는 필수 아미노산이 잔뜩 들어 있어. 다른 고기에 비해 지방이 적은 게 특징이야. 피부를 튼튼하고 아름답게 해 주는 비타민 A와 콜라겐도 풍부하지. 콜라겐은 주로 뼈 주위와 껍질에 있어.

주요 영양소: 단백질, 아연, 비타민 A, B_6, 니아신

돼지고기

피로는 돼지고기로 싹 날려 버려!

한여름에 무더위로 지쳤다면 바로 내가 나설 때야! 풍부한 비타민 B_1과 B_2가 피로를 풀어 주거든. 또 나에게는 '올레인산'이라는 지방이 들어 있어. 올레인산은 나쁜 콜레스테롤을 낮춰 주고, 좋은 콜레스테롤은 높여 줘.

주요 영양소: 단백질, 지방, 비타민 B_1, B_6, 니아신

필수 아미노산도 여러 가지 들어 있어. 그 중 하나인 '트립토판'은 마음을 안정시키고, 잠을 푹 자게 해 줘!

음식과 영양소

어패류

DHA와 EPA로 건강하고 똑똑해지자!

등 푸른 생선

'DHA(도코사헥사엔산)'를 들어본 적 있니? 생선에 들어 있는 지방의 한 종류로, 신경과 두뇌 발달에 필요한 영양 성분이야. 또 시력 발달과 아토피성 피부염에도 도움이 된다고 해. 생선에는 'EPA(에이코사펜타엔산)'도 많이 들어 있단다. 이것도 지방의 한 종류인데, 생활 습관병과 우울증을 개선해 주지.

고등어와 꽁치처럼 등이 푸른 빛을 띠는 생선을 '등 푸른 생선'이라고 해. 등 푸른 생선에는 DHA와 EPA가 풍부하지. 꽁치에는 비타민 B_{12}가 많이 들어 있는데, 엽산과 함께 몸속의 피를 만들어. 고등어에는 특히 단백질이 많아. 또 '타우린'과 '이노신산'이라는 감칠맛을 내는 성분이 있어서 엄청 맛있지!

단백질 · DHA, EPA · 비타민 A, D

주요 영양소

참치

노화 방지에 으뜸이지!

참치 초밥 엄청 맛있지? 참치의 붉은색 부분은 생선 중에서도 단백질의 양이 으뜸이야. 노화를 막아 주는 비타민 A와 셀레늄도 들어 있어. 늙는 게 싫다면 나를 먹으라고!

주요 영양소: 단백질, 지방, 철

새우

감칠맛으로 더욱 맛있게!

나 새우도 너희들이 아주 좋아하는 음식이지? 지방이 적은데도 맛있는 이유는 감칠맛을 내는 성분이 많기 때문이야. 몸을 감싸고 있는 껍질에는 '키틴질'이라는 식이 섬유가 들어 있어. 키틴질은 나쁜 콜레스테롤을 낮춰 주고, 면역력을 높여 주지.

주요 영양소: 단백질, 칼슘, 비타민 E, D

딱딱한 껍질은 기름에 튀기면 먹기도 좋고 더 맛있어!

음식과 영양소

타우린 덕분에
몸이 가뿐~

뼈가 없어서 몸이 흐물흐물한 나는 머리부터 다리까지 맛있게 먹을 수 있지. 내게 풍부한 타우린은 지방을 태우고 심장과 간을 튼튼하게 해 줘. 또 나쁜 콜레스테롤을 낮추고 피로를 풀어 주는 등 정말 많은 일을 해!

아연 / 단백질 / 주요 영양소 / 비타민 E, B$_{12}$

껍질이 빨간 것은 '아스타잔틴'이라는 색소 때문이야. 활성 산소를 없애 주고, 암을 예방하는 효과가 있어!

오징어

구리 / 단백질 / 주요 영양소 / 비타민 B$_{12}$

가장 맛있는 계절은 겨울과 봄이야. 감칠맛 성분이 이때 가장 많기 때문이지.

먹물에는 '뮤코다당'이라는 성분이 들어 있어서, 면역력을 높여 주고 암을 예방해 줘.

철 / 단백질 / 주요 영양소 / 비타민 B$_{12}$

게

나는 껍질에도 영양소가 있다고!

나의 딱딱한 껍질에는 새우와 마찬가지로 키틴질이 들어 있어서 건강 기능 식품에 많이 쓰이지. 물론 속살에도 아연 등 여러 영양소가 듬뿍 들어 있어. 아르기닌과 타우린 같은 성분이 감칠맛을 더해 주니까 맛은 확실히 보장해!

맛과 영양이 듬뿍!

바지락, 대합, 소라, 전복 등 조개류에는 단백질과 타우린이 풍부해. 특히 마그네슘도 듬뿍 들어 있지. 마그네슘은 칼슘과 함께 뼈를 만드는 영양소로, 성장에 꼭 필요한 무기질이야. 또 근육을 움직일 때에도 꼭 필요해.

조개

음식과 영양소

유제품

많이 마실수록 뼈가 잘 자라지!

우유를 가공한 치즈나 요구르트 등을 유제품이라고 해. 우유에는 단백질과 지방 등 성장에 필요한 영양소가 아주 많은데, 가장 중요한 영양소는 칼슘이야. 칼슘은 뼈와 이를 만들고, 근육을 움직이고, 상처가 났을 때 피를 멎게 하는 등의 일을 하지.

나에게 들어 있는 '락토페린'이라는 단백질은 세균 증식을 막아 주기 때문에 병을 예방하는 효과가 있어.

주요 영양소: 단백질, 비타민 A, D, B₂, 칼슘

우유

칼슘은 뼈를 자라게 하고 짜증도 가라앉혀 줘. 그런데 칼슘은 다른 영양소에 비해 흡수가 잘 안 되는 것이 단점이야. 하지만 나, 우유에는 칼슘의 흡수를 돕는 '유당'과 '카제인 인산펩타이드'라는 성분이 있지. 그래서 나를 통해 칼슘을 섭취하면 몸에 더 잘 흡수돼. 그 밖에도 '발육 비타민'으로 불리는 비타민 B₂도 들어 있어. 칼슘과 비타민 B₂, 모두 성장에 정말 중요한 영양소야.

치즈

칼슘과 비타민 A가 풍부해!

나는 우유를 굳히거나 발효시켜서 만들어. 나에게는 칼슘과 비타민 A가 풍부하게 들어 있어서 뼈와 눈 건강에 좋고, 피부와 머리카락을 아름답게 해 줘. 그리고 놀라지 마! 일부러 곰팡이를 넣은 치즈도 있어. 물론 다 먹을 수 있으니까 걱정 마.

유산균이 장을 청소해 줘!

요구르트

'유산균'이라는 균을 우유에 넣어 발효시킨 것이 바로 나, 요구르트야. 유산균은 장의 활동을 활발하게 해 주고, 장 속에 있는 쓰레기를 청소해서 병을 예방해 주는 정의의 사도야! 또 나에게 들어 있는 '비피더스균'은 변비를 없애 주고 피부를 윤기 나게 해 주지.

음식과 영양소

콩류

콩은 지방이 적고 단백질이 많아 건강에 아주 좋은 음식이야. 콩에 있는 단백질인 '글리시닌'에는 콜레스테롤을 낮추는 효과가 있어. 그 밖에도 세포막을 만드는 '레시틴', 골다공증을 예방하는 칼슘과 '이소플라본' 등이 들어 있어. 어때, 영양 만점이지? 콩 가운데서도 대두는 특히 단백질이 풍부한 것으로 유명해.

청국장

삶은 대두를 따뜻한 방에서 숙성시켜 만드는 내 이름은 청국장! 나에게 들어 있는 '바실러스균'은 암을 예방해 주고 몸속의 나쁜 물질을 밖으로 내보내 줘. 또 장 속에서도 끈질기게 살아남아서 좋은 균을 늘려 주지. 무시무시한 식중독과 맞서 싸울 정도로 힘이 세다고!

식중독과도 싸울 수 있어!

단백질 · 주요 영양소 · 지방 · 식이 섬유

두부

단백질과 무기질을 동시에!

나는 대두와 물, 간수로 만들어. 간수는 바닷물로 만든 액체인데, 칼슘과 마그네슘이 풍부해. 그래서 나를 먹으면 뼈와 이도 튼튼해지지!

단백질 · 주요 영양소 · 칼슘 · 마그네슘

알류

단백질 / 지방 / 주요 영양소 / 비타민 A, D

달걀의 흰자에는 단백질이, 노른자에는 단백질과 지방이 주로 들어 있어. 노른자에는 '레시틴'이라는 성분이 들어 있어서 세포막을 만들고 기억력을 좋게 해 줘.

달걀을 먹으면 머리가 좋아진다고?

달걀

알은 단백질과 지방이 풍부하고 비타민과 무기질 등 여러 영양소가 들어 있는 영양 만점 음식이야! 특히 달걀은 필수 아미노산이 골고루 들어 있어 '완전식품'이라고도 불리지.

크기는 작지만 영양가는 최고!

나는 메추라기라는 새의 알이야. 달걀보다 훨씬 작지만 영양소는 달걀 못지않게 풍부해! 비타민 A, B_1, B_2, B_6, B_{12}, 그리고 엽산과 철분도 달걀보다 많이 들어 있지. 특히 달걀보다 5배나 많이 들어 있는 비타민 B_{12}는 엽산과 함께 피를 만드는 일을 해.

단백질 / 지방 / 주요 영양소 / 비타민 A, D, B_2, B_{12}

메추라기 알

음식과 영양소

간식류

의외로 영양소가 풍부하다고!

설탕이 듬뿍 들어간 달콤한 간식.
사탕수수와 사탕무라는 식물로 만드는 설탕은 먹으면 바로 에너지로 바뀌어서 힘이 나!
설탕이 분해되어서 만들어지는 포도당은 두뇌 활동에 꼭 필요한 영양소야.
하지만 너무 많이 먹으면 살이 찌고 충치가 생길 수도 있으니까 조심해!

나는 밀가루, 설탕, 생크림, 버터, 물, 달걀 등으로 만들어. 밀가루와 설탕에는 탄수화물이, 달걀에는 단백질이 들어 있어. 우유로 만드는 생크림에는 칼슘도 들어 있지. 또 버터에는 지방과 기름에 잘 녹는 비타민 A, D, E, K도 들어 있어. 어때, 의외로 영양소가 풍부하지? 하지만 설탕이 많이 들어 있으니까 한 조각씩만 먹자!

탄수화물 | 단백질 | 주요 영양소 | 지방

케이크

버터에 들어 있는 비타민 A는 시력을 좋게 하고, 비타민 E는 노화를 막아 주는 효과가 있어.

시원하고 달콤한 나의 주된 재료는 설탕과 우유야. 나는 탄수화물과 지방이 많고 칼슘과 인, 나트륨과 칼륨 같은 무기질도 조금씩 들어 있어. 하지만 나를 너무 많이 먹으면 안 돼. 배탈이 날 수 있거든.

칼슘과 함께 뼈를 만드는 인은 보통 가공식품에 많이 들어 있어. 너무 많이 먹으면 오히려 뼈가 약해지니까 조심해!

아이스크림

칼슘이 풍부한 시원한 간식!

팥소에 영양소가 가득!

나의 매력 포인트는 뭐니 뭐니 해도 오동통한 붕어 모양! 배 속에 꽉 찬 팥소는 삶은 팥에 설탕을 섞어 만든 거야. 팥에는 칼륨, 단백질, 철, 식이 섬유, 그리고 암을 예방하는 '사포닌'까지 들어 있다고! 바삭바삭한 껍질의 재료는 밀가루니까 탄수화물도 섭취할 수 있지.

붕어빵

음식과 영양소

우리 몸의 구조

우리 몸은 무엇으로 이루어져 있을까?

1등 물 60%

2등 단백질 18%

3등 지방 15%

4등 기타 7%

우리 몸의 반 이상은 물!

우리 몸의 60~70퍼센트, 그러니까 반 이상은 물로 되어 있어. 물은 산소와 영양소를 녹여 몸속으로 옮겨 주고, 몸속의 찌꺼기를 오줌으로 내보내 줘. 그 밖에도 땀이 되어 몸 밖으로 나가 체온을 조절하는 등 셀 수 없이 많은 일을 해. 우리 몸에 물 다음으로 많은 것은 단백질과 지방이야.

목이 마른 이유는?

우리가 목이 마르다고 느끼는 건 몸속에 물이 부족하다는 신호야. 몸 안의 물이 단 1퍼센트만 줄어도 목이 마르다고 느끼게 돼. 물이 계속 줄어들면 '탈수증'이라는 병에 걸리지. 그러면 침과 오줌의 양이 적어지고, 체온이 올라가서 몸을 움직일 수 없어! 물이 20퍼센트가 줄어들면 목숨이 위험해져. 그러니까 목이 마르면 바로 물을 마셔야 해!

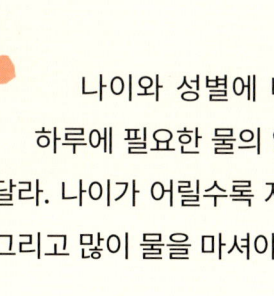

나이와 성별에 따라 하루에 필요한 물의 양이 달라. 나이가 어릴수록 자주, 그리고 많이 물을 마셔야 해.

	몸속 물의 비중	필요한 물의 양
갓난아기	75%	120ml
어린이	70%	100ml
어른	60%	50ml
노인	50%	40ml

오줌은 어떻게 만들어질까?

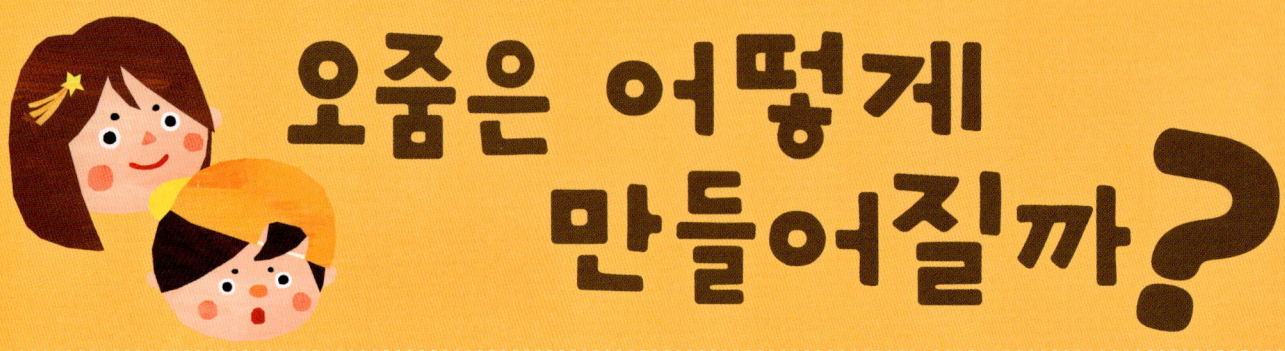

왜 오줌을 쌀까?

오줌은 콩팥(신장)에서 만들어져. 콩팥은 '동맥'과 '정맥'이라는 굵은 혈관 2개로 이어져 있지. 동맥을 통해 들어온 핏속에서 필요 없는 쓰레기와 남은 수분을 빼내고, 깨끗한 피로 만들어서 정맥으로 보내. 남은 수분과 쓰레기는 방광으로 보내는데, 이게 바로 오줌이야. 우리는 하루에 1500밀리리터, 즉 페트병 한 개 정도의 오줌을 싸!

왜 날마다 오줌 색이 다를까?

오줌이 노란 것은 '유로크롬'이라는 노란색 성분 때문이야. 그런데 붉은색 음식을 너무 많이 먹으면 색이 붉어지기도 하고, 물을 많이 마시면 색이 엷어지기도 해.

콩팥

허리 뒤 양쪽에 강낭콩 모양으로 2개가 붙어 있어. 콩팥이 일을 하지 않으면 몸속에 필요 없는 쓰레기가 많이 쌓여서 병에 걸리게 돼. 콩팥이 2개인 이유는 하나가 망가져도 다른 하나가 일할 수 있게 하기 위해서야. 그만큼 콩팥은 중요한 장기야.

방광

오줌을 모아 두는 곳이야. 오줌이 모이면 '화장실에 가고 싶어'라는 신호를 보내지. 방광이 가득 차면 바로 오줌이 나와 버려! 그러니까 오줌이 마려우면 빨리 화장실에 가도록 해.

요도

'요'는 오줌, '도'는 길이라는 뜻이야. 요도는 방광에 모인 오줌이 밖으로 나오는 길이야.

우리 몸의 구조

똥은 어떻게 만들어질까?

똥의 기나긴 여행

위에서 작은창자로 음식물이 이동하면 작은창자가 음식물의 영양소를 완전히 흡수해. 그리고 남은 찌꺼기와 물을 세균과 함께 큰창자로 보내. 큰창자의 잘록한 곳에서 다시 수분을 꽉꽉 쥐어짜고, 남은 찌꺼기와 세균이 굳어져서 똥이 되는 거야. 음식물이 똥이 되어 항문에 도착하기까지는 1~2일이나 걸려. 입에서 항문까지는 8~9미터나 돼! 똥은 이렇게 기나긴 여행을 하고 나와. 그냥 구린내만 나는 게 아니라고!

똥이 갈색인 이유

똥은 왜 갈색일까? 똥이 갈색인 이유는 소화를 돕는 액체인 담즙 속에 있는 '빌리루빈'이라는 색소 때문이야. 이 색소는 장에 있는 세균에 의해서 갈색으로 변하지.

작은창자

대부분의 영양소는 작은창자에서 흡수 돼. 작은창자에서 이제 막 큰창자로 온 똥은 아직 죽처럼 걸쭉해.

큰창자

큰창자 속에는 아주 작은 생물인 박테리아가 살고 있어. 그 박테리아가 음식물을 분해할 때 구린내가 나지. 고기를 먹으면 박테리아가 많이 활동하기 때문에 똥에서 냄새가 더 나.

항문

항문은 엉덩이에 있는 구멍이야. 평소에는 똥이 멋대로 나오지 않도록 꽉 조여져 있어. 화장실에 가서 똥을 내보내려고 생각할 때만 열리지.

우리 몸의 구조

똥으로 건강을 알 수 있다고?

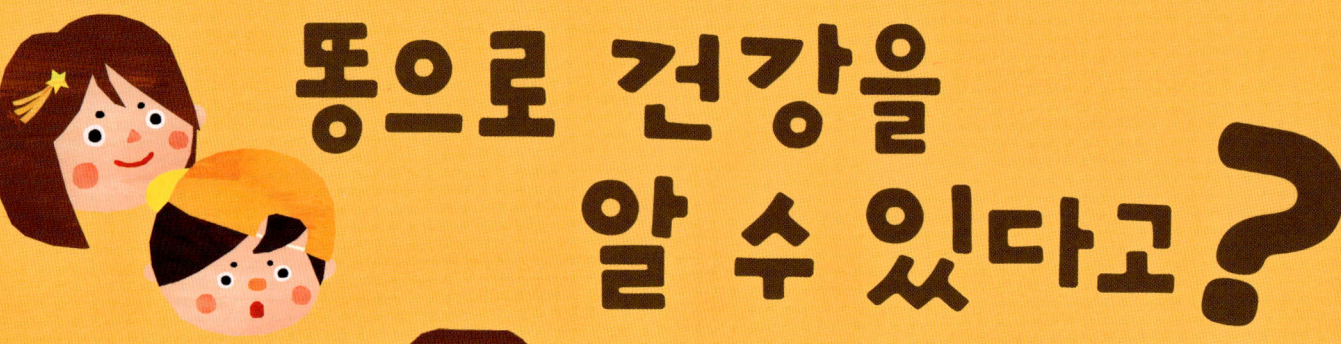

똥의 색과 모양을 확인해 보자

똥을 보면 내 몸이 건강한지 아닌지 알 수 있어. 우선 규칙적으로 똥을 누는지 확인해야 해. 똥의 색과 모양도 중요하지. 밝은 노란색이나 갈색 바나나 모양 똥이 쑤욱 나오는 것이 가장 좋아. 빨간색이나 잿빛, 또는 검은색 똥이 나오면 병이 생겼다는 표시일 수도 있으니 잘 확인해 보자. 다만 색깔이 있는 음식을 너무 많이 먹으면 똥도 그 색으로 나올 수 있어.

건강한 똥을 누는 세 가지 방법

첫째, 식이 섬유가 많은 채소와 버섯, 해초, 과일을 먹어야 해. 식이 섬유는 똥을 부드럽게 해 주지.

둘째, 규칙적인 습관을 들여 봐. 매일 아침, 정해진 시간에 화장실에 가면 똥이 잘 나와. 셋째, 참지 말 것! 똥이 마려운데도 누지 않고 참으면 나중에는 잘 안 나올 수 있어.

동글동글한 똥

동글동글하고 딱딱한 똥을 눈다면 수분과 식이 섬유가 부족하다는 증거야. 똥이 딱딱하면 눌 때 항문도 아파.

바나나 똥

똥 중에 최고의 똥은 바나나 똥이지! 균형 잡힌 식사를 하면 너무 묽지도, 너무 딱딱하지도 않은 바나나 모양의 똥이 나와.

진흙 똥

묽고 흐물흐물한 똥이야. 물을 너무 많이 마시거나 기름진 음식을 많이 먹으면 나와.

물똥

똥이 물처럼 쫙쫙 나오는 건 배탈이 났기 때문이야. 음식물을 전혀 소화시키지 못한 상태지.

우리 몸의 구조

균형 잡힌 식사

무엇을 어떻게 먹어야 할까?

무엇보다 앞에서 살펴본 5대 영양소를 골고루 섭취하는 게 가장 중요해. 그러기 위해서는 채소, 고기, 과일 등 다양한 음식을 잘 먹는 게 좋겠지? 좋아하는 음식만 많이 먹으려고 하면 안 돼!

아침

**쌀밥, 콩나물국,
생선 구이와 시금치나물,
배추김치, 과일 요구르트**

아침에는 에너지가 되는 밥과 반찬을 먹고, 채소도 꼭 챙겨 먹어야 해. 요구르트는 먹기도 간단하고, 영양소가 많은 식품이니 아침에 먹으면 좋아.

점심

**달걀과
참치 샌드위치,
바나나 우유, 채소 샐러드**

샌드위치의 속 재료는 좋아하는 것을 넣으면 돼. 샐러드 대신 치즈와 삶은 달걀을 먹으면 단백질을 더 많이 섭취할 수 있어.

저녁

**현미밥, 돼지고기, 상추무침,
감자샐러드, 김구이,
버섯을 넣은 된장국**

저녁밥은 너무 늦은 시간에 먹지 않도록 해. 아침과 점심에 먹지 않은 감자와 고기, 해초로 만든 음식을 먹으면 균형 잡힌 식사가 돼.

식재료가 도착하기까지

생산자

고기는 축산업자가 소와 돼지 등을 키워서 도매 시장에 내보내. 생선은 어부가 배를 타고 바다에서 잡아오거나 양식을 하지. 채소는 농부가 씨앗을 뿌리고 비료를 줘서 키운 것을 수확해.

도매 시장

생산자가 땀 흘려 만든 식재료는 도매 시장으로 보내져. 시장에는 식재료를 사고 팔려는 사람이 많이 모이지. 사람들은 서로 흥정을 해서 식재료의 가격을 결정해.

마트·가게

도매 시장에서 사온 식재료가 가게에 진열되면 이제 우리가 살 수 있어. 식재료를 고를 때는 신선함과 만들어진 장소, 들어 있는 것 등을 꼼꼼히 확인해야 해.

소비자

사온 식재료에 알맞은 조리법으로 요리를 하면 돼. 굽고, 튀기고, 찌고, 삶고, 조리고……. 다양한 조리법이 있지. 이렇게 식재료가 우리 입에 들어가기까지는 많은 사람의 손길이 필요해.

KODOMO EIYOGAKU DOSHITE YASAI WO TABENAKYA IKENAINO?

Copyright © 2017 SHINSEI Publishing Co., Ltd
Original Japanese edition published by SHINSEI Publishing Co., Ltd.
Korean translation rights arranged with SHINSEI Publishing Co., Ltd.
Through The English Agency(Japan) Ltd. and Danny Hong Agency.

이 책의 한국어판 저작권은 대니홍 에이전시를 통해 저작권자와 독점 계약한 길벗스쿨에 있습니다.
저작권법에 의해 한국 내에서 보호를 받는 저작물이므로 무단전재와 무단복제를 금합니다.

80가지 음식으로 알아보는 우리 몸과 영양소
왜 채소를 먹어야 해?

초판 1쇄 발행 2022년 4월 1일
초판 2쇄 발행 2022년 11월 1일

그림 세노오 신야 | **옮김** 고향옥 | **감수** 가와바타 데루에 | **한국어판 감수** 권오란
발행인 이종원 | **발행처** 길벗스쿨
출판사 등록일 2006년 6월 16일 | **주소** 서울시 마포구 월드컵로 10길 56(서교동)
대표전화 (02)332-0931 | **팩스** (02)323-0586
홈페이지 school.gilbut.co.kr | **이메일** gilbut@gilbut.co.kr

기획 김언수 | **책임편집** 배지하
제작 이준호, 손일순, 이진혁 | **영업마케팅** 진창섭, 강요한 | **웹마케팅** 지하영
영업관리 정경화 | **독자지원** 윤정아, 최희창
디자인 미르 | **CTP 출력 및 인쇄** 상지사 | **제본** 상지사

* 잘못 만든 책은 구입한 서점에서 바꿔 드립니다.
* 이 책은 저작권법에 따라 보호받는 저작물이므로 무단전재와 무단복제를 금합니다.
  이 책의 전부 또는 일부를 이용하려면 반드시 사전에 저작권자와 길벗스쿨의 서면 동의를 받아야 합니다.

ISBN 979-11-6406-433-5 (73470)
(길벗스쿨 도서번호 200337)

제 품 명: 왜 채소를 먹어야 해?	주 소 : 서울시 마포구 월드컵로 10 길 56 (서교동)
제조사명: 길벗스쿨	전화번호: 02-332-0931
제조국명: 대한민국	제조년월: 판권에 별도 표기
사용연령: 8 세 이상	KC 마크는 이 제품이 공통안전기준에 적합하였음을 의미합니다.

권오란 한국어판 감수

현재 이화여자대학교 식품영양학과 교수로 재직 중이며, 한국영양학회 회장, 임상보건과학대학원장 등을 역임했습니다. 식품과 영양소의 관계를 연구하고, 사람들에게 좋은 식습관을 알리는 역할을 하고 있어요.

가와바타 데루에 감수

영양학 박사이자 영양사예요. 대학에서 학생들에게 영양학을 가르치고 있어요. 『확실히 배운다! 영양학!』 등의 책을 썼어요.

세노오 신야 그림

현재 오사카에 살고 있으며, 디자이너이자 일러스트레이터로 활동하고 있어요.

고향옥 옮김

대학과 대학원에서 일본 문학을 공부했고, 일본 나고야대학에서 일본어와 일본 문화를 공부했습니다. 그동안 『이게 정말 사과일까?』, 『심심해 심심해』, 『혼나지 않게 해 주세요』, 『노란 풍선』, 『오늘은 마라카스의 날』, 『실패 도감』 등 다수의 작품을 번역했어요.